Hyggelige fortellinger for barn
Basert på Islam

Forfatter   :   Arif Mahmud Kisana
Oversetter   :   Sheraz Akhtar

Alle rettighter reservert

Hyggelige fortellinger for barn
Basert på Islam

Forfatter	:	Arif Mahmud Kisana
Oversettelse og komposisjon	:	Sheraz Akhtar
Publisert	:	Mars 2017
Publisert av	:	Kisana Books Sweden
		Trollvägen 20
		19163 Sollentuna
		SWEDEN
Epost	:	arifkisana@gmail.com
Webside	:	www.afkaretaza.com
ISBN	:	978-91-639-3256-4

DEDIKASJON

Jeg dedikerer denne boka til alle barn som motiverte meg
til å skrive den

FORORD 1

Helt siden tidenes morgen har mennesker interessert seg i å fortelle og lytte til historier. Selv Allah har fortalt historier i sine skrifter om ulike budbringere med sikte på å lede menneskeheten til den rette vei. Med tanke på dette har forfatter Arif Kisana også skrevet noen historier for barn, slik at deres liv kan ta en riktig retning.

For at en historie skal lære sine lesere en moral, er det viktig at handlingen i historien er så gripende at den tiltrekker leserens oppmerksomhet. Samtidig skal fortellerstilen være enkel og lett forståelig. Kisana har forsøkt å innarbeide dette i sitt forfatterskap.

Dessverre skriver ikke de fleste islamske lærde i disse dager nok bøker for våre unge barn som bor i Vesten. Hvis vi ønsker at våre barn skal opprettholde kontakten med våre litterære tradisjoner så blir vi nødt til å gjøre en felles innsats for å etablere denne forbindelsen slik at de kan være stråler av veiledende lys for fremtidige generasjoner. Det er gledelig å se at Kisana kommer med en bok spesielt designet for å tale til vår ungdom om islamske verdier. Historiene er korte og interessante, og jeg håper at de vil tjene deres formål.

Muhammed Sharif Baqa
President Majlis-e-Iqbal, London

FORORD 2

Å skrive fortellinger for barn er en utfordrende oppgave siden forfatteren må ikke bare holde perspektivet til barn i tankene, men også skrive historiene på en interessant og informativ måte. I disse tider er det ytterligere utfordrende å skrive barnebøker. Dette fordi slike bøker må konkurrere med internett som tilbyr et langt større spekter av underholdning og distraksjon.

Ofte føler vi behov for en bok av høy kvalitet med fascinerende og interessant litteratur for barn som bor i Vesten. Vi ønsker å få våre unger til å kunne forstå betydningen av deres eksistens på en måte som ikke skal være for vanskelig.

Arif Kisana, som har lenge vært bosatt i Sverige har følt dette behovet, og har skapt noen svært engasjerende barnehistorier med tanke på å gjøre den muslimske ungdommen bedre kjent med deres islamske tradisjoner.

Jeg håper denne boken av Arif Kisana vil bli en katalysator prosessen som vil binde vår ungdom med vår islamske arv.

Tariq Zameer
Ambassadør i Pakistan til Sverige og Finland

Religiøs opplæring og kognitive utvikling

Vi som i dag bor i vestlige land møter ofte et dilemma.
Vi har grodd våre røtter her over tid, men føler samtidig at våre barn distanserer seg mer og mer fra deres islamske arv. Det de blir undervist på skolen strider ofte med det de lærer hjemme. Som et resultat av dette fremstår det forvirring i deres sinn om hva som er rett og galt. De har spørsmål som de ofte ikke finner tilfredsstillende svar på. Som oftest klarer heller ikke deres foreldre å tilfredsstille deres nysgjerrighet angående den tro de blir bedt om å følge. Det er ikke bare oss som bor i vestlige land som sliter med dette problemet. De fleste foreldre i Pakistan møter også denne bekymringen oftere enn nødvendig. Vi alle ønsker å oppdra barna våre slik at de kan vokse opp og ha en positiv innflytelse på samfunnet de lever i.

Vi er så heldige at Arif Kisana har vært observant på dette behovet og har nå skrevet historier for barn basert på islamsk tankegang. Disse historiene kommer til å kaste lys på noen, om ikke de fleste emner som de unge ofte tenker på. Det er ikke lett å skrive etiske historier for barn, men Kisana har med hell klart å gjøre det. Historiene er skrevet på en enkelt, men likevel interessant måte. Jeg håper barn vil like å lese disse historiene, eller at foreldre vil lese til dem. Jeg håper at moral av disse historiene vil bidra med å transformere lesere av denne boka til bedre muslimer.

Nasr Malik
Tidligere redaktør Urdu Service,
Danish National Broadcasting Corporation, Danmark

OM FORFATTEREN

Arif Mahmood Kisana har vært bosatt i Stockholm siden 1995. Der jobber han som medisinsk forsker i et kjent universitet. Han er en meget flink taler og har vunnet mange priser i sin tid på skole og universitet. Han er i tillegg meget flink til å skrive, og skriver jevnlig artikler for diverse aviser og magasiner. Artiklene han skriver er ofte relaterte til Koranens lære, historiske fakta, sosiale tilknytninger til vitenskap, ideologien til Iqbal, Pakistan og islamske fortellinger tiltenkt barn.

I over 20 år har Arif Kisana representert Pakistan og Kashmir med sine eminente journalistiske kvaliteter i Sverige og Skandinavia. Han er en aktiv medlem av "Foreign press assosiation of Sweden".

Han er også grunnleggeren av "Stockholm Study Circle" som har hatt sine månedlige møter siden 2007. Her leder han disse månedlige møtene og foreleser Koranens prinsipper til forsamlingene. Her drøftes det om de hverdagslige ting som opptar dagens muslimer som spesielt bor i vestlige land. Forsamlingen leter etter løsninger på diverse problemer i lys av Koranens lære og budbringer Muhammed (fred være med ham) sin eksemplariske liv. Mange av Stockholms tenkende personer deltar på disse møtene.

Arif Kisana utøver medisin som profesjon, skriver artikler som hobby, og har som lidenskap å forske på Koranen og ideologien som Allama Iqbal har presentert.

ANERKJENNELSE

Den opprinnelige boken ble utgitt i urdu under tittel "Sabaq Amos Kahanian" av National Book Foundation Islamabad, Pakistan. Den samme boken ble utgitt på Amazon under navnet "Dilchasp aur Anokhi Kahanian". Boka ble deretter oversatt til engelsk under navnet "A collection of delightful stories for children"

Etter publisering av disse historiene var det et brennende ønske om å ha dette arbeidet oversatt til engelsk og andre språk slik at barn som ikke kan lese urdu også skulle være i stand til å forstå disse historiene. Boka ble dermed oversatt til engelsk under navnet "A collection of delightful stories for children". Omsider har denne boka nå blitt oversatt til norsk.

All takk til Sheraz Akhtar som frivillig tok på seg ansvaret med å oversette boka til norsk, og fullførte prosjektet på meget kort tid.

Jeg håper at norsktalende barn vil finne denne boken svært interessant og nyttig, og at de vil finne svar på sine spørsmål om Islam.

Arif Mahmud Kisana
Stockholm, Sweden

INTRODUKSJON

Kjære barn! Jeg har skrevet denne boken som svar på alle
spørsmål som dere ofte har i deres sinn om den praktiske
siden av Islam. Jeg har prøvd å besvare deres spørsmål på
en enkel, men likevel interessant måte. Jeg håper at denne
boken vil gjøre dere i stand til å forstå Islam, og samtidig
like å lese om det.

Det er naturlig for barn å være nysgjerrige på sin religion.
Det er viktig for dem å vite hvorfor det forventes av dem å
følge en bestemt tro. Spørsmålene kan være enkle, men
svarene nokså kompliserte. Ansvaret ligger hos de voksne å
tilfredsstille nysgjerrigheten til barna på en måte som
etterlater ingen tvetydighet i deres sinn om integriteten til
deres tro.

Målet og hensikten med denne boken er å veilede ungdom
generelt, og muslimsk ungdom spesielt, på en slik måte at
de blir lovlydige, patriotiske og respektable verdensborgere.

Jeg håper at denne boken vil være et verdifullt tillegg til
litteraturen for barn, og at barn vil bli i stand til å få
veiledning fra den. Jeg håper også at barn vil kunne få den
grunnleggende informasjonen om Islam. Dette gjelder
spesielt barn som kan ha visse tvil og uklarheter om den tro
de følger, og vil nå kunne akseptere Islam med total
oppriktighet.

Jeg vil gjerne takke Tariq Zameer (pakistansk ambassadør hos Sverige og Finland), som ga meg uvurderlige råd i forbindelse med utgivelsen av denne boken. Jeg vil også gjerne takke Sharif Baqa (President for Majlis-e-Iqbal, London), Nasir Malik (utgiver av urdu magasin Humasr, Danmark), Sheraz Akhtar og alle mine andre venner som hjalp meg med utgivelsen av denne boken. Jeg vil spesielt takke min eneste søster Tamsila Mutahir som oppmuntret meg til å skrive denne boken. Fremfor alt går min takk til alle barn som motiverte meg til å skrive denne boken.

Spesiell takk til Sheraz for oversettelsen av denne boken til norsk. Jeg kan virkelig si at denne oversettelsen presenterte en stor utfordring, og var bare mulig med det harde arbeidet og engasjementet som Sheraz Akhtar la inn.

Kjære barn! Vennligst gi meg tilbakemelding om denne boka. Hvis det skulle være annet dere skulle ønske fra meg så ikke nøl med å skrive til meg, slik at jeg kan belyse flere problemstillinger i min neste publikasjon som jeg jobber med for tiden. Dere kan kontakte meg via e-post arifkisana@gmail.com

Arif Mahmud Kisana
Stockholm, Sweden

INNHOLD

HVORFOR VI ER MUSLIMER

Kjære barn! Dere har sikkert hørt om byen London? London er engelsk hovedstad og Europas største by. I London er det mange interessante ting å gjøre og fantastiske steder å besøke. I hjertet av denne fascinerende byen bor det en søt liten jente som heter Alisha. Alisha bor lykkelig sammen med sin mor, far og to søstre. Alisha er den eldste og går på skole. Areeba går også på skole, men i en klasse under Alisha. Deres yngre søster Inaya er for ung til å gå på skole. Derfor er hun ofte hjemme og leker dagen lang. De bor i et nydelig hus som ikke er så langt unna Alisha og Areeba sin skole. Nær huset deres er en park som barna ofte besøker med sine foreldre. Der har de ofte mye moro på husker og sklier.

Det var nettopp i denne parken en vakker dag at Alisha så mot sin mor og spurte "Mamma, hvorfor er vi muslimer?" Hennes mor tenkte en liten stund og svarte: "Vi ble født i en muslimsk familie og derfor er vi muslimer."

Alisha tenkte på svaret som moren hadde gitt. Deretter spurte hun videre "Så hva betyr det å være muslim og hvordan er muslimer forskjellig fra ikke-muslimer?"

Mor smilte og forklarte "Hele universet er skapt av Allah. Denne vakre jorden, denne strålende blå himmelen, store hav, høye fjell, dype sjøer, frodige grønne daler, solen, månen og stjernene, alt er skapt av Ham. Allah har også skapt mennesker og gitt dem noen retningslinjer. Allah forventer at vi lever våre liv i henhold til disse retningslinjene. Å følge disse reglene, eller retningslinjer er det vi kaller Islam. De som følger disse reglene kalles muslimer og de som ikke følger dem, kaller vi for ikke-muslimer."

Alisha tenkte over svaret en stund og spurte igjen "Hvordan vet vi om disse reglene?"

Mor svarte "Alle disse regler eller lovene er forklart til oss i Koranen".

Areeba, som opptil nå hadde lyttet i stillhet ble interessert i samtalen og oppfordret moren til å fortelle henne mer om disse "lovene". Deres mor forklarte at disse lovene ble gitt for å beskytte eller ivareta interessene til folk, og folk ble pålagt å rette seg etter disse lovene.

Moren spurte "Husker dere om den ulykken vi så for et par dager siden da to biler krasjet i hverandre?".

"Selvfølgelig gjør jeg det. Den ene bilen var rød mens den andre var blå" sa Alisha. Hun husket hendelsen tydelig fordi det var første gang hun hadde sett en kollisjon mellom to biler.

Mor fortsatte "Ja, det stemmer. Heldigvis ble ingen alvorlig skadet. Husker dere at kort tid etter ulykken kom politiet og bøtela sjåføren som kjørte den røde bilen? Politiet gjorde så fordi vedkommende hadde brutt trafikkloven ved å kjøre på feil side av veien".

"Ja, jeg husker det. Føreren av den blå bilen ble ikke bøtelagt fordi han fulgte trafikkreglene og kjørte på sin side av veien" sa Alisha.

"Det er riktig. Mennesker har laget trafikkregler så folk kan kjøre biler på en trygg og forsvarlig måte. På tilsvarende måte har Allah laget visse lover slik at intet menneske blir skadet av en annen. Hvis alle følger disse lovene så ville det ikke være noen ulykker og ingen ville bli skadet" sa mamma.

"Kan du gi meg et eksempel på Allahs lover?" spurte Alisha.

"Selvfølgelig. Husker du at noen dager tilbake brant din fetter Nasir hånden sin fordi han lekte med ild? Allah har laget en naturlov som sier at ild påfører skade om den kommer i kontakt med hud. Om noen utsetter hånden sin for ild, så vil ilden for sikkert brenne eller skade hånden".

"Så Nasir ble straffet fordi han brøt Allahs lov ved å utsette sin hånd for ild?" spurte Alisha.

"Ja, til tross for farens advarsler om ikke å gjøre det." Forklarte Alishas mor.

"Tilsvarende finnes det mange andre lover som Allah har laget. De som følger disse lovene forblir trygge, mens de som ikke gjør så enten skader seg selv eller andre. Å etterleve Allahs regler er essensen av Islam, fordi Islam betyr lydighet ... lydighet til Allahs lover."

"Er alle disse lovene forklart i Koranen?" Spurte Alisha.

"Ja, de er forklart i Koranen. Det er derfor vi alle bør studere Koranen og lære mer om disse lovene, og deretter følge dem, slik at vi ikke skader oss selv eller andre" svarte Alisha mor.

Det begynte å bli mørkt, og Inaya var sliten og hadde blitt rastløs. Derfor bestemte de seg for å dra hjem.

Alisha ga moren en stor klem og sa "Takk mamma, for å ha forklart meg hva det betyr å være en muslim. Jeg lover at jeg skal lese Koranen for å lære mer om alle disse lovene, og prøve å være en god muslim slik at jeg ikke skader meg selv eller andre."

~ 25 ~

ما شاء الله
لا قوة إلا بالله

IMAAN

Pappaen til Alisha satt hjemme en kveld og drakk fra sin tekopp. Mammaen til Alisha kom løpende inn i stua i full panikk. "Kan du gå og hente Alisha fra skolen med en gang?" ropte hun. "Jeg fikk en telefon fra skolen nå nettopp, og de sier at hun lider av sterke smerter i magen".

Alishas far sto umiddelbart opp uten å ha drukket ferdig teen sin, og plukket opp bilnøklene.

"Kan du vennligst ta henne med til legen før dere kommer hjem?" spurte Alishas mor.

"Selvfølgelig skal jeg få gjort det. Ikke bekymre deg for det" forsikret Alishas far.

Da Alishas far kom frem til skolen og fant henne så hadde hun sterke smerter som forårsaket at hun gråt. Helsesøsteren hadde prøvd å berolige henne uten at det hadde hjulpet. Han tok Alisha umiddelbart med til legen.

Legen undersøkte Alisha og spurte henne de vanlige spørsmål som hva hun hadde spist. Legen foreskrevet deretter henne noen medisiner. Alisha spurte legen om hun ville føle deg bedre etter hvert om hun tok disse medisinene.

"Selvfølgelig vil du føle deg bedre om du tar disse medisinene i henhold til mine instruksjoner" forsikret legen. "Ta en tablett nå og en til etter 4 timer".

Da det ble kveld følte Alisha seg faktisk mye bedre selv etter kun to doser av medisinen slik som legen hadde sagt.

"Pappa! Den legen du tok meg med til var virkelig flink. Jeg føler meg faktisk mye bedre nå. Medisinen han ga meg har gjort undrer. Er det ikke flott at vi har leger og at det finnes medisiner som tar bort smerte?" sa Alisha. "Kan jeg gå på skolen i morgen?" spurte hun videre.

Alishas far sa at hun kunne gå på skolen neste morgen om smertene ikke kom tilbake i løpet av natten.

"Pappa, hvis jeg ikke hadde tatt medisinen slik som legen ba meg om, ville jeg enda ha hatt smerter?" spurte Alisha.

"Ja, når noen har smerter eller sykdom så må vedkommende gå til en lege og deretter følge legens anvisninger og ta medisiner som er nødvendige. Dette er også en regel" sa far. "Vår *imaan* er at ved å gjøre visse ting på en bestemt måte stopper smerte og kurerer sykdom. Folk har oppdaget disse tingene ved kunnskapen som Allah har gitt dem, og vi har tro på slik kunnskap" forklarte Alishas far.

"*Imaan?* Hva er det?" spurte Alisha.

"Enda et spørsmål? Du spør for mange spørsmål for tiden" ertet Alishas far. "Men jeg setter pris på at du spør, for det å stille spørsmål er et tegn på intelligens, og man kan lære mye av ting ved å være nysgjerrig".

"La meg illustrere hva *imaan* er ved å gi deg et eksempel. Tenk deg noen som ikke har fått noe å spise en hel dag. Vedkommende er ekstremt sulten og svak. Plutselig tilbyr noen vedkommende noe godt. Hva kommer vedkommende til å gjøre tror du?" spurte far.

"Vedkommende vil spise det så fort som mulig!" sa Alisha.

Så fortsatte far "La oss nå anta at før vedkommende har rukket å ta en bit av maten, kommer kokken løpende ut av kjøkkenet og forteller at han ved et uhell har tatt rottegift opp i maten i stedet for salt. Kommer den sultne fremdeles til å spise maten?" spurte far.

"Nei, vedkommende kommer ikke til å spise maten siden det nå er sikkert at den som spiser denne maten kommer til å dø" svarte Alisha.

"Nettopp! Ingen person, uansett hvor sulten vedkommende måtte være, ville spise mat som har blitt forgiftet. Dette fordi vedkommende mener at hvis noen spiser giftig mat så vil slik mat forårsake død. Tilsvarende er det vår tro at hvis vi skulle bryte naturlovene eller reglene laget av Allah så ville det komme skade på oss. Denne troen på Allahs lover kaller vi for *imaan*. En person som har *imaan* på Allahs lover og som handler i henhold til dem kalles for *momin*. En *momin* skader aldri seg selv eller andre, fordi vedkommende følger reglene laget av Allah."

"Så det er viktig å ha *imaan*?" spurte Alisha.

"Absolutt! Å ha *imaan* på Allahs lover og følge dem, betyr å ikke påføre oss selv eller andre skade. Mennesker, enten muslimer eller ikke, skal føle seg trygge og sikre i selskap av en *momin*. En *momin,* eller en etterfølger av Allahs lover er en kilde til velsignelse og lykke for andre. Å tro på Allahs lover er grunnlaget for *imaan.* I likhet med vår tro at medisiner vil avlaste oss fra vår smerte, bør vi ha *imaan* på at hvis vi følger Allahs lover så vil de føre oss til trygghet og lykke. Dette er så viktig at Allah kaller også seg selv *al-Momin* i Koranen, altså en som garanterer for andres sikkerhet" svarte far.

"Det betyr at vi skal tro på Allahs lover og følge dem, slik at vi ikke skader oss selv og andre?" spurte Alisha.

"Nettopp! Det betyr at du har forstått hva *imaan* er. Jeg vet at du er en intelligent jente. Nå kan jeg se at du føler deg søvnig. Det må være på grunn av medisinene. Jeg kan fortelle deg mer om *imaan* en annen dag, men akkurat nå trenger du litt hvile og må sove hvis du ikke vil gå glipp av skolen i morgen" avsluttet far.

"Takk for at du hentet meg fra skolen i dag og tok meg med til legen" sa Alisha gjespende.

Alishas far ga henne et kyss på pannen og la hennes dyne over henne. Alisha sovnet med det samme.

MENNESKELOV OG NATURLOV

"Mamma, jeg er veldig sulten. Vennligst gi meg noe å spise!" ropte Alisha da hun kom tilbake fra skolen en dag.

"Du skal si Assalamu-alaikum først når du kommer inn i huset. Så bør du vaske hendene og ansiktet og deretter høflig be om noe å spise" sa moren.

"Jeg beklager mamma, men jeg er så sulten i dag at jeg glemte å hilse på deg. Kan du fikse en sandwich til meg mens jeg vasker mine hender og ansikt?" spurte Alisha.

"Jeg har laget en vegetarrett til deg. Du kan få litt hvis du er veldig sulten. Å lage en sandwich vil ta litt tid" svarte moren.

Alisha var så sulten at hun ikke orket å protestere. Hun likte faktisk retten så mye at hun takket sin mor for å ha laget den, og deretter takket Allah for å ha gitt dem slike deilige matretter å spise.

Alisha følte seg meget fornøyd i det hun sa "Mamma, jeg fortalte mine venner hva du fortalte meg her om dagen i parken. En av mine venner som heter Laiba ønsker å vite om bare de som er født i en muslimsk familie kan være muslimer, mens de som ikke er født i muslimske familier kan aldri bli muslimer?"

"Laiba har stilt et meget fornuftig spørsmål. En må ikke ha blitt født i en muslimsk familie for å bli muslim. Alle som leser Koranen og aksepterer det som er skrevet i den, og er villige til å følge den kan være muslimer" forklarte Alishas mor.

"Den dagen i parken så snakket du om lover laget av mennesker og lover laget av Allah. Hvis de er alle lover så hva er forskjellen mellom dem? Jeg mener, hvordan er menneskeskapte lover forskjellige fra naturlover?" spurte Alisha.

"Du husker at jeg ga deg to eksempler. Det ene eksemplet var av to biler som hadde havnet i en ulykke med hverandre, mens det andre eksemplet var av din fetter Nasir som klarte å brenne hånden sin. Når det gjelder bilkollisjonen så var det en politimann som bøtela føreren som kjørte på feil side av veien. Om denne politimannen ikke hadde vært der, så kunne den skyldige føreren kanskje ha kjørt sin vei uten å ha blitt tatt. Derimot har vi det andre eksemplet av Nasir som hadde fått hånden sin brent uansett om noen så på eller ikke. Med andre ord så ville Nasir ha blitt "straffet" for å ha brutt Allahs lov, selv om han var alene. Så hvis du bryter en lov laget av folk så er det en mulighet for at du kan unngå å bli straffet, men slik er det ikke med Allahs lover. Hvis du bryter Allahs lov så vil du bli straffet uansett hva. Dette er forskjellen mellom Allahs lover og lover laget av mennesker" forklarte Alisha mor.

"Det er to andre forskjeller mellom dem" fortsatte Alisha mor. "Man kan gjøre endringer i lovene laget av mennesker, men Allahs lover kan aldri endres."

"Hvorfor er det slik?" spurte Alisha.

Mor svarte "Mennesker endrer sine lover i henhold til deres skiftende behov med hensyn til tider. For eksempel i Norge og noen andre land var det en tid da bilene kjørte på venstre side av veien. Senere ble denne loven endret og biler kjører nå på høyre side av veien. Regjeringer utformer ofte nye regler og foretar endringer i de eksisterende lovene for å imøtekomme skiftende behov til folk. Naturlovene endrer seg derimot aldri. De forblir de samme, og det er ikke mulig å endre dem. Ild vil brenne alt som den kommer i kontakt med og som er brennbart. Dette fordi Allah har gitt ilden denne kvaliteten. Ting som var brennbare for tusen år siden vil også være brennbare tusen år senere. Ild opererer i henhold til en naturlov som aldri kan endres".

"Jeg forstår. Og hva er den andre forskjellen?" spurte Alisha.

"Den andre forskjellen er at menneskeskapte lover er eller kan være forskjellig på forskjellige steder. For eksempel i Norge, Sverige, Tyskland, Italia og Kina sier loven at biler skal kjøre på høyre side av veien, mens i England, Japan, Pakistan og Australia krever loven at biler skal kjøre på venstre side av veien. Det finnes også mange andre menneskeskapte lover som ikke er samme for alle overalt."

"Dette er interessant, men er Allahs lover de samme for alle overalt?" spurte Alisha.

"Å ja, det er de. Ild vil brenne alle brennbare ting uavhengig av sted. En person vil brenne hånden sin i kontakt med ild, uansett hvor på jorda vedkommende måtte befinne seg. Hvis en pakistansk person som bor i Norge legger hånden sin på ild så vil vedkommende brenne seg. Tilsvarende hvis en italiensk person legger hånden på ild i England vil vedkommende også få brannskader. Det spiller ingen rolle om denne personen er muslim eller ikke-muslim, ung eller gammel, mann eller kvinne. Naturlovene gjelder for alle på lik måte. Derfor må vi tro på lovene laget av Allah og respektere dem. Å gjøre dette er faktisk Islam" forklarte mor.

"Dette er så fascinerende. Takk for at du forteller meg alt dette. Nå skal jeg fortelle Laiba og mine andre venner om dette også. Jeg er sikker på at de vil finne alt dette svært lærerikt" sa Alisha.

"Jeg håper det. Nå får du gå på rommet ditt og gjøre lekser. Etter det skal jeg gi deg din favoritt iskrem for å ha hørt på meg så tålmodig" sa Alishas mor.

~ 37 ~

TING Å TRO PÅ

Alisha, Areeba og Inaya var meget spente fordi deres fetter Haris og kusine Rukhsar fra Pakistan skulle tilbringe sommerferien med dem. De hadde planer om å gå ut hver dag og utforske noe nytt. De hadde allerede besøkt voksmuseum av Madame Tussauds, Buckingham Palace, Natural History Museum, The Big Ben og Tower of London. I dag skulle jentenes far ta dem alle med for å se London Eye, også kjent som Millennium Wheel, som er et gigantisk pariserhjul på sørbredden av elven Themsen i London.

Haris hadde aldri vært på et pariserhjul før så han spurte sin onkel "Hvorfor heter dette hjulet London Eye?"

"Det kalles London Eye fordi man får en utsikt over hele London når en er om bord i det og høyt oppe. I likhet med øyet som ser kan London Eye se hele London".

"Er det ikke skummelt? Hva hvis man faller ned fra hjulet?" spurte Haris litt bekymret.

Hans onkel lo og forsikret ham at kapsler som folk sitter i er meget trygge og lukket fra alle kanter. De beveger seg meget sakte, slik at man kan få en virkelig god utsikt mens kapslene går oppover.

Nå var også Haris begeistret for sin tur til London Eye. De tok T-banen frem til London Eye. Haris og Rukhsar ble overrasket over å se et så stort pariserhjul, samtidig som de ble litt redde for å komme på det. Derimot når de først kom seg om bord så følte de seg trygge. Utsikten av London fra London Eye var helt fantastisk!

Etter å ha tilbrakt så mye tid sammen hele dagen var barna meget slitne, og ville komme hjem fort som mulig for å kunne slappe av og prate sammen. Når de kom seg hjem satte også Alisha sin far seg ned med barna. Alisha fortalte sin fetter og kusine at hennes far pleide å fortelle henne interessante ting om Islam. Både Haris og Rukhsar ble interesserte og ba sin onkel fortelle også dem noe interessant.

"Jeg hadde lovet Alisha og hennes søstre at jeg skulle fortelle dem om de ting som en muslim må ha tro på. Hvis dere også er interesserte og ikke altfor trøtte så kan jo også dere høre på" foreslo Alishas far.

"Å ja onkel. Kan du fortelle oss om slike ting?" spurte Haris.

"Som dere allerede vet så betyr det å ha *imaan* å tro på noe av hele sitt hjerte. Når du har tro på noe så tviler du ikke om det i det hele tatt. I Islam er det fem ting som vi må ha tro på for at vi kan være muslimer".

"Hva er de fem tingene, onkel?" spurte Rukhsar.

"Den første og fremste er *tawheed*. Det betyr å tro at det bare finnes én Gud, altså Allah. Den andre tingen er å tro på budbringere av Allah. Den tredje er å tro på den guddommelige skriften, altså den hellige Koranen. Den fjerde er å tro på *malaika*, og den femte er å tro på det hinsidige. Disse fem elementene blir også kalt for trosartikler".

"Må man tro på alle disse fem tingene for å være muslim? Eller kan man fortsatt være muslim hvis man ikke tror på en eller to av dem?" spurte Rukhsar.

"Når du logger deg på for å lese din e-post eller for å få tilgang til din konto på Facebook, så trenger du å oppgi din nøyaktige passord. Hvis du skulle bomme med selv en enkel bokstav så ville du ikke kunne logge deg på kontoen din. På tilsvarende måte er det nødvendig å tro på alle fem av disse nevnte tingene for å være muslim. Hvis du ikke tror på en eneste av dem, så vil du ikke være en muslim" forklarte Rukhsar sin onkel til henne.

"Så på en måte er det å tro på alle disse fem tingene det samme som å ha et passord som vil tillate deg å entre Islam?" spurte Haris.

"Det er helt riktig. Du er en meget smart gutt, Haris."

"Pappa, du sa at det å tro på én Gud kalles *tawheed*. Hva innebærer det egentlig?" spurte Alisha som frem til nå hadde sittet veldig stille.

"Å tro på én Gud innebærer at vi bare ber til Ham og ingen andre. Vi gjør kun de ting som gleder Ham. Å ha en sterk tro på at det kun er Allah som styrer alt, kalles for *tawheed*" svarte faren til Alisha.

"Hva menes det med å tro på budbringere av Allah?" spurte Areeba som også ønsket å delta i diskusjonen.

"Siden Allah ikke kommuniserer direkte med folk, ansetter han visse mennesker som formidler hans budskap til andre. Personer som Allah velger for å formidle hans budskap til folk kalles for *Rasool* eller budbringere. Noen Budbringere som er nevnt i Koranen var Muhammed, Ibrahim, Jesus og Moses. En muslim må tro at uansett hva disse budbringere fortalte oss, var faktisk helt sant og bud fra Allah. Vi må tro på dem og følge dem" svarte far.

"Og hva er guddommelige skrifter?" spurte Inaya.

"Disse er de hellige bøkene som Allah har åpenbart for noen av sine budbringere. Koranen ble for eksempel åpenbart til budbringeren Muhammed (fred være med ham), mens Torah ble åpenbart til Moses. Injil, altså evangeliet ble åpenbart til Isa (Jesus). Formålet med disse skriftene er å holde religionen trygg fra korrupsjon og forverring. Folk skal kunne lese disse skriftene og fortsette å få veiledning fra dem, selv etter at budbringere går bort. Alt som er skrevet i dem er faktisk Allahs ord, og vi må tro på dem".

"Hvorfor skal vi tro på *malaika* når vi ikke kan se dem?" ønsket Haris å vite.

"Det er viktig å tro på *malaika* fordi de utfører Allahs kommandoer. Vi kan ikke se dem, men de følger med oss."

"Og hva er det hinsidige?" spurte Rukhsar.

"Akhirah eller det hinsidige er tilstanden som aldri vil ta slutt. Der hvor det er evig liv. Denne tilstanden vil vi entre etter vår midlertidig opphold i denne verden, eller med andre ord, når vi dør. I henhold til ens gjerninger i denne verden vil Allah bestemme hvem som skal komme til himmelen og hvem vil gå til helvete. Med andre ord vil Allah belønne de som har gjort gode gjerninger i denne verden ved å sende dem til himmelen og straffe dem som ikke gjorde det ved å sette dem i helvete."

"Jeg ønsker ikke å gå til helvete" sa Haris.

"Da må du være snill gutt og ikke irritere meg så ofte" sa hans søster.

Alle sammen begynte å le av det Rukhsar sa, inkludert Haris.

Deretter spurte Haris "Onkel, kunne du ha forklart oss hva Islam er med noen enkle ord?"

"Islam er et arabisk ord som baserer seg på ordet salam. Dette ordet kan ha betydninger som sikkerhet, lydighet og aksept" svarte onkel.

Han fortsatte med å si "Deen av Islam kan defineres med følgende ord; Islam er måten å leve et rettskaffent liv på som Allah har beordret oss til å akseptere gjennom hans siste sendebud Muhammed (fred være med ham). Fremgangsmåten til å leve livet i henhold til Islam på står beskrevet i Koranen. Det å akseptere Koranens lære og leve livet i henhold til dens instrukser heter Islam. Med andre ord så er Islam muslimenes Deen, eller måten å leve livet på. I henhold til Islam må vi ha full tro på Allahs *tawheed* og akseptere enhver ordre Allah gir. Vi er også pliktige til å ha tro på at Muhammed er den siste budbringeren av Allah. Det å leve i henhold til Koranen og eksemplet satt av Budbringeren, er Islam."

Haris takket sin onkel fra all den gode og nyttige informasjonen han hadde fått og lovet å alltid huske det.

BUDBRINGERE AV ALLAH

"Alisha! Jeg skal ut på en liten handletur. Vil du bli med meg?" spurte Alisha sin mor en kveld.

"Nei, mamma. Jeg har lekser å gjøre som jeg skal levere i morgen. Jeg tror nok at det er best at jeg blir hjemme og jobber med leksene. Du kan jo kanskje bare kjøpe en pose potetgull til meg?" sa Alisha.

"Du spiser alltid så mye usunt Alisha!" utbrøt Alishas mor.

"Hva slags lekser er det du jobber med? Kanskje jeg kan hjelpe deg med noe?" spurte Alisha sin far.

"Vi leser eldre menneskehistorie, altså hvordan folk i gamle dager levde. Jeg synes det er veldig interessant" sa Alisha.

"Så hva har du lært frem til nå?" spurte Alisha sin far.

"Så langt har vi lært at menneskehistorien kan deles inn i fire perioder. Vi har steinalderen, kobberalderen, bronsealderen og jernalderen. Vi har også lært at vi kan dele menneskehetens historie inn i tre perioder siden skapelsen av de første mennesker. Den første perioden starter med Adam og slutter med Jesu fødsel. Den andre perioden starter derfra og varer til tusen år, og tredje periode startet om lag tusen år siden til denne dag."

"Det er flott. Du vet så mye allerede." Alishas far hørtes imponert ut.

"Det kan være så, men jeg vil gjerne vite en ting. Folk levde så forskjellig i ulike aldre, men hvorfor fortsatte Allah å sende sine sendebud til dem på samme måte? Hvorfor ble det sendt sendebud i det hele tatt? Kunne ikke folk ha klart seg uten dem?" spurte Alisha.

"Siden Allah skapte mennesker, måtte Han også sende sine sendebud fra tid til annen til menneskene, slik at folk kunne bli ledet mot sannheten, og dermed leve et rent liv. Den andre grunnen til å sende budbringere var å gi folk kunnskap om Allah og Hans bud, og forklare dem hvordan de skulle handle på dem. Alle budbringere Allah sendte formidlet ikke bare budskapet om Allah ved å snakke, men også ved å handle. Vi har ikke blitt skapt for å spise, drikke og reprodusere. Selv dyr gjør alt dette, så meningen med å skape oss må ha vært noe mer. Hovedhensikten med vår skapelse er å gjenkjenne Allah og tjene Ham. Så det viktigste oppdraget av budbringere var å fortelle folk at de skulle tilbe én Gud og leve sine liv i henhold til Hans bud."

"Så sendebudene sa det samme de fikk fra Allah?" spurte Alisha.

"Ja, de sa det samme. Det er viktig å vite at uansett hva budbringere sa til folk så fikk de det fra Allah. Budbringere fortalte folk aldri noe de ikke hadde fått fra Allah. Derfor er det viktig for folk å gjøre som budbringere sa og gjorde."

"Har Allah sendt sine budbringere til folk alle steder?" spurte Alisha.

"Ja, hver budbringer ble sendt til hans spesielle folk for å minne dem om behovet for å tilbe én Gud" sa Alishas far.

"Hvor mange budbringere har Allah sendt på denne jorden?" spurte Alisha.

"Vi tror at Allah har sendt rundt 124.000 budbringere til menneskeheten siden skapelsen av mennesket, men Koranen nevner bare noen få av dem ved navn. Budbringere som Adam, Noah, Ibrahim, Moses, David, Jesus og Muhammed er blant dem som er nevnt med navn.

"124.000 budbringere? Wow! Det er et enormt antall budbringere. Hvorfor sendte Allah så mange budbringere?" spurte Alisha.

"Allah sendte en budbringer til hver gruppe eller stamme av mennesker fordi etter dødsfallet til en budbringer var det sannsynlig at budskapet om Allah kunne ha blitt forvrengt eller endret. Mange unødvendige ting kunne ha blitt lagt til i budskapet og nødvendige ting kunne ha blitt tatt ut. Alt dette fordi det ikke fantes pålitelige måter å lagre Allahs budskap på, unntatt i folkets minne. Derfor var det behov for å fortsette å sende budbringere for å minne folk om hensikten med skaperverket. Dessuten var det ingen kommunikasjon mellom stammene i gamle dager slik det er nå. Dermed ble det sendt forskjellige budbringere til forskjellige stammer slik at de kunne forstå hensikten med deres eksistens."

"Har det vært mer enn en budbringer på samme tid?" spurte Alisha.

"Ja, det har vært mer enn en budbringer samtidig. For eksempel eksisterte budbringere Shoaib, Moses og Haroon i samme tidsperiode. Haroon og Moses var til og med brødre."

"Veldig interessant. Trodde de alle på det samme? Jeg mener, var de alle muslimer?" spurte Alisha.

"Ja, de var alle muslimer og trodde på det samme. De alle fulgte Allahs bud og tilba kun Ham."

"Sender Allah sine budbringere selv nå?" spurte Alisha.

"Nei! Muhammed (fred være med ham) var den siste budbringeren som Allah sendte. Dette fordi han kom i en tid da folk sikkert og feilfritt kunne registrere Allahs budskap og kommunisere det med hverandre. Alle meldingene fra Allah som budbringeren Muhammed mottok gjennom åpenbaring er registrert i Koranen. Mange kopier av den originale Koranen har blitt produsert og distribuert til folk overalt. Koranen har også blitt oversatt til mange språk, slik at alle kan forstå dets budskap. Alt som Allah vil at folk skal gjøre er registrert i Koranen. Derfor er det ikke lenger behov for noen flere meldinger fra Allah."

"Hvis Muhammed er den siste budbringeren av Allah, så bør jeg vite mer om ham og den beskjeden som han kom med. Men akkurat nå må jeg gjøre ferdig leksene mine. Hvis jeg ikke blir ferdig med leksene mine før mamma kommer, vil hun ikke la meg få potetgullposen" smilte Alisha skøyeraktig.

"Neste helg når vi har mer tid skal jeg fortelle deg mer om vår kjære budbringer Muhammed" lovet Alishas far.

BUDBRINGER MUHAMMED (FVMH)

Helgen hadde kommet og Alisha sin far hadde ikke glemt at han hadde lovet å fortelle Alisha om budbringeren Muhammed (fred være med ham). Han spurte Alisha om hun var ferdig med alle hjemmeleksene sine, og om hun hadde litt tid.

"Jeg skulle ut og leke med noen venninner av meg, men det er en stund til jeg skal møte dem. Det hadde vært en god ide om du kunne fortelle meg noe mer om budbringeren Muhammed frem tid da" sa Alisha.

"Ja det passer meg også bra. Som du allerede vet så var Muhammed (fvmh) den siste budbringeren av Allah. Derfor er han også kjent som "budbringernes segl". Han ble døpt Ahmed ved fødselen, men hans bestefar kalte ham Muhammed. Egentlig har både Ahmed og Muhammed samme betydning, og kommer fra det arabiske ordet "hamd" som betyr ros. Vi muslimer kaller ham aldri kun Ahmed eller Muhammed fordi alle muslimer er enige i at han er verdig vår dypeste respekt. Derfor bruker vi alltid respektfulle ord som Hazrat Muhammed, budbringer Muhammed, Rasool Pak, Rasool Allah eller bare Hazoor. I tillegg sier vi alltid "fred være med ham" og alle andre budbringere når vi nevner deres navn. Dette fordi alle budbringere av Allah fortjener ærbødighet" sa pappaen til Alisha.

"Når og hvor ble budbringer Muhammed født?" spurte Alisha.

"Han ble født i år 570 e.Kr. i Mekka. Hans eksakte fødselsdato er ikke kjent, men de fleste muslimer mener han ble født på en mandag, den 12. dagen i den tredje islamske måneden Rabi-ul-Awal."

"Hvem var foreldrene hans?" spurte Alisha.

"Faren hans het Abdullah som døde ca. to måneder før Budbringeren ble født. Hans mor het Amina som døde da Budbringeren var kun seks år gammel."

"Å, det er så trist. Så hvem tok på seg ansvaret for hans oppdragelse etter morens død?" spurte Alisha.

"I starten var det hans farfar som het Abdul Matlib. Han gikk dessverre også bort da Budbringeren var kun åtte år gammel. Det var da hans faderlige onkel, Abu Talib tok seg av ham" svarte Alisha sin far.

"Så hva slags barndom hadde Budbringerens? Var han slem mot andre barn?" spurte Alisha.

"Nei, han var ikke en slem barn. Han ertet aldri noen og kranglet aldri med noen. Han brukte heller aldri stygt språk."

"Gikk han ikke på skole?" spurte Alisha.

"Nei, han gikk ikke på skole" svarte far.

"Så hva gjorde han hele dagen?" spurte Alisha.

"Vel, han pleide å gjete sauer. Slikt var svært vanlig for unge gutter i Arabia på den tiden. Senere da han ble noe eldre begynte han å gjøre handel. Han var godt kjent for sin ærlighet som en handelsmann, og folk respekterte ham for det. Han jukset aldri, og han holdt alltid sitt ord. For dette ble han kjent som Saddiq (sannferdig) og Ameen (troverdig)."

"Likte Budbringeren barn?" spurte Alisha.

"Å ja. Han elsket dem. Barna elsket ham også fordi han var alltid så forsiktig med dem."

"Så hvordan fikk han vite at han var en Budbringer av Allah?" spurte Alisha.

"Det er et veldig godt spørsmål. Han visste ikke om det før han ble førti år gammel. Helt siden han var en ung mann pleide Budbringeren å gå til en liten hule kalt *Hira* i et fjell i nærheten av Mekka. Der pleide han å meditere og studere. En kveld mens han mediterte snakket engelen Gabriel til ham og fortalte ham at han skulle bli en Budbringer av Allah. Budbringeren ble bedt om å huske hva engelen hadde sagt til ham. Da Budbringeren ble bedt om å skrive ned det som ble sagt til ham, så svarte ham at han ikke kunne lese eller skrive. Gabriel hjalp ham med å huske det som ble fortalt. Dette var begynnelsen på åpenbaringen av Koranen."

"Ble ikke Budbringeren redd for Gabriel? Hva gjorde han deretter?" spurte Alisha.

"Jo, han ble meget redd. Han gikk rett hjem og fortalte sin kone Khadija om denne erfaringen."

"Trodde hun på ham?" spurte Alisha.

"Absolutt! Hun hadde ingen tvil om at hennes mann nå var en Budbringer av Allah, og at han hadde fått sin første åpenbaring."

"Hvem andre fortalte han dette til" spurte Alisha.

"Han fortalte sine venner og slektninger. Hans venn Abu Bakar Siddique og hans unge fetter Ali. Begge ble umiddelbart muslimer."

Alishas far smilte og fortsatte "Ikke alle trodde på ham. Med tid fortalte han dem å avstå fra mange dårlige skikker og praksis som var populære i Mekka. Dette gjorde at mange mennesker ble misfornøyde og utfordret ham. Dette gjaldt spesielt de rike, siden Budbringeren forkynte likhet og rettferdighet. På den tiden ble ikke kvinner, slaver og fattige behandlet på en pen måte. De hadde ingen rettigheter og var som verdigjenstander for sine rike herrer. Budbringeren krevde at de fikk sine rettigheter. Dette gjorde at eliten i Mekka følte seg truet. Som et resultat av dette begynte de å legge planer for å drepe Budbringeren."

"Herregud! Hva gjorde Budbringeren da?" spurte Alisha.

"Vel, han fikk et tegn fra Gud at han skulle forlate Mekka og migrere til Medina som er en by ca. 400 kilometer fra Mekka. Det gjorde han. Denne vandringen er kjent som *hijrah*. Året da han migrerte er kjent som det første året av den muslimske kalenderen."

"Jeg håper folk i Medina behandlet ham pent" sa Alisha.

"Ja det gjorde de. De var meget gjestfrie og mange av dem konverterte til Islam svært raskt. Budbringerens siste hvilested er i Medina. Han elsket denne byen."

Akkurat da ringte det på døren og Alishas mor ropte at Alisha sine venner hadde kommet for å hente henne.

"Tidspunktet kunne ikke ha vært mer perfekt. Tusen takk for å ha fortalt meg om Budbringeren Muhammed (fred være med ham). Han var en stor mann!" utbrøt Alisha og stormet ut til sine venner.

ISLAM - DEN SANNE RELIGIONEN

Maryam og Alisha er meget gode venner og tilbringer ofte tid sammen i helger og ferier. De pleier også å gå på Koran-undervisning sammen, og deretter utveksler de ofte synspunkter på religion. En dag kom Maryam hjem med Alisha etter deres Koran-undervisning. Alishas far hjalp Alishas mor på kjøkkenet da jentene kom. Da jentene kom spurte mor om far kunne holde jentene med selskap. Både Maryam og Alisha diskuterte deres Koranen-leksjon og Alishas far deltok i diskusjonen.

"Pappa, hvordan vet vi at Islam er den eneste sanne religionen? Alle religioner forkynner jo gode ting og tilhengere av alle andre religioner tror at deres religion er den eneste rette?" spurte Alisha.

"Du har rett. Alle religioner lærer gode ting som ærlighet, medfølelse, rettferdighet, integritet osv. men det vi må spørre oss selv er hvorfor vi trenger religion i det hele tatt? En person kan ikke forstå alt om livet ved kun å bruke hans eller hennes intellekt. Folk trenger veiledning i livet, og denne veiledningen kommer fra Allah gjennom Hans budbringere i form av Wahi (åpenbaring). Nettopp som et øye trenger lys for å se, trenger vår intellekt veiledning for å leve et rent liv. Uten denne veiledningen ville det ta folk flere år å lære av sine erfaringer. Derimot hvis noe kommer direkte fra Allah, så vet vi at det er det rette. Islam er den eneste religionen som gir folk denne veiledningen. Ikke bare forteller Islam oss hvordan vi skal be, men også hvordan vi skal oppføre oss i ulike sosiale situasjoner. Kort sagt så tilbyr Islam et komplett livskode. En manual på hvordan å leve et moralsk liv. Ingen annen religion har noe tilsvarende. "

«Så islam er mer enn bare en religion?" spurte Maryam.

"Ja det kan du godt si. Islam handler ikke kun om ritualer. Alle religioner forteller sine tilhengere om ritualer, men Islam går lenger i sine forklaringer. Islam er noe Koranen kaller "Deen". Deen er noe som gir oss en fullstendig veiledning om alle aspekter av livet fra hvordan vi skal spise, sove, gå, snakke, kle oss, osv. Islam lærer oss til og med hvordan vi skal gjøre forretninger og behandle andre mennesker. Ingen annen religion tilbyr den slags detaljert veiledning. Det er mulig at andre religioner hadde slike elementer i starten, men med årenes løp har de blitt forvrengt og deres opprinnelige lære har blitt et resultat av menneskelige påvirkninger. Islam er den eneste religionen som fremdeles finnes i sin rene form, fordi Allah har lovet å ta seg av Koranen selv. Derfor kan vi trygt til at alt som er skrevet i Koranen er faktisk Allahs ord i samme form de ble åpenbart til budbringeren Muhammed."

"Nå forstår jeg forskjellen mellom Islam og andre religioner. Dette er noe jeg ofte pleide å lure på" sa Alisha.

"Så hvordan skal vi opptre med folk av andre religioner?" spurte Maryam.

"Islam ber oss behandle folk av andre religioner med respekt. Allah forbyr muslimer fra å krangle unødvendig med folk som ikke tror på Islam. Hvis en person sier noe stygt om Islam så bør en muslim bare komme seg bort fra ham og ikke gå tilbake før denne personen slutter med en slik handling. Dere har kanskje lagt merke til at under FN sine møter så forlater gjerne forskjellige ambassadører møtelokalene i protest hvis de er uenige i det som blir sagt i forsamlingen. Likeledes bør vi også bare forlate steder hvor det blir sagt noe negativt om islam."

"Dette høres ut som er fornuftig ting å gjøre" sa Maryam.

"Ja. Islam er en meget fornuftig religion" svarte Alishas far.

Det var nettopp da Alisha sin mor tok med litt juice og smørbrød til alle sammen. Dette var de meget takknemlige for siden de hadde begynt å bli ganske sultne.

UBESVARTE BØNN

Hele familien til Alisha satt i stua en kveld og så på en cricketkamp mellom Pakistan og Australia. Stemningen var ganske ladet mot slutten av kampen siden Pakistan kun trengte et par poeng for å vinne. Alisha begynte å be høyt for at Pakistans skulle vinne. Hennes søstre gjorde det samme, men i stillhet. Huff! Pakistan vant ikke kampen likevel. Denne kvelden var hele familien meget skuffet.

"Jeg ba så mye for at Pakistan skulle vinne kampen. Hvorfor besvarte ikke Allah mine bønner?" klaget Alisha.

"Jeg ba også" sa Areeba.

"Jeg også" sa Inaya.

"Vel, ikke alle våre bønner blir alltid besvart" sa deres far.

"Hvorfor ikke? Hvorfor blir noen av våre bønner besvart mens andre ikke?" spurte Alisha.

"La meg forklare dere hvorfor våre bønner noen ganger ikke blir besvart. Ordet som vi bruker til bønn er "dua" som på arabisk ikke betyr å be, men "å påkalle". Når vi påkaller Allah så ber vi Ham om noe som kun Han kan gi. Det er derimot noen forutsetninger som er påkaller må oppfylle før Allah kan gi vedkommende det som en ønsker. Den første og viktigste forutsetningen er å gjøre ytterst mulig innsats i å utføre den oppgaven som kan lede til det ønskede resultatet.

For eksempel, hvis du skal opp til en eksamen du ikke har studert for og deretter ber til Allah om å få en A, så kommer ikke det til å skje. Dette fordi du ikke har utført den krevde betingelsen, som er å studere hardt. Dette gjelder for alle, uansett om noen tror på Allah eller ikke. Allah har skapt visse lover, og de som følger disse lovene får suksess, mens andre som ikke følger dem, får ikke det resultatet de ønsker, uansett hvor mye de måtte be for det" svarte far.

"Men pappa, det pakistanske laget trent hardt for denne kampen, og alle pakistanere ba for dem. Til og med de pakistanere som bor i Mekka og Medina ba for dem. Hvordan kan Allah avvise bønner av folk som bør på slike hellige steder?" spurte Alisha.

"Det australske laget trente sikkert hardere og lengre for denne kampen. Det er mulig at de satte inn mer innsats i deres trening enn det pakistanske laget, og dermed var bedre. Suksess avhenger av en rekke faktorer, og kombinasjon av disse faktorene. Bønner hjelper bare om alle andre faktorer er ivaretatt først" forklarte Alishas far.

"Så hva er disse faktorene? Jeg mener, hva er den beste måten å sikre oss at Allah vil besvare våre bønner?" spurte Areeba.

"Som jeg allerede har forklart, så er det nødvendig å respektere naturlovene og deretter investere med god innsats og hardt arbeid. Først må vi gjøre det som står i vår makt, og deretter be til Allah om hjelp. Det er først da Allah vil besvare våre bønner. Ta slaget ved Badar som et eksempel. Dette slaget var den første kampen mellom muslimer og ikke-muslimer. Muslimene hadde gjort alle deres nødvendige forberedelser for slaget under ledelsen av budbringeren Muhammed. De trente hardt og fulgte Budbringerens instruksjoner, og deretter ba til Allah om seier over ikke-muslimer. Allah lyttet til deres bønner og ga dem seier" svarte far.

"Dette betyr at selv budbringere av Allah måtte be og jobbe hardt?" spurte Areeba.

"Absolutt!" svarte far. "Alle budbringere av Allah fulgte Allahs instruksjoner og deretter ba til Ham for at de skulle få seier i sine oppdrag. Da Allah fortalte Noah om flommen som skulle komme, ba budbringeren Noah til Allah at Allah skulle redde ham og hans folk fra denne flommen. Allah svarte at Noah og hans folk kunne kun bli reddet om de bygget en stor båt (ark) og tok tilflukt i den. Budbringeren Noah fulgte Allahs instruksjoner og reddet seg selv og sine fra å drukne. Tilsvarende ba Budbringeren Moses til Allah at hans folk skulle bli reddet fra arrogansen av Farao. Allah svarte at budbringeren Moses skulle gå i motstand med Farao, og kun da ville han få suksess. Budbringeren Moses gjorde det han fikk beskjed om, og sammen med sin bror Haroon motsatte de Farao. Til slutt fikk de seier over Farao på grunn av deres harde innsats og bønn. Dermed er det klart at også Budbringere måtte jobbe hardt og følge Allahs bud, og deretter be for sine seier."

"Hvis hardt arbeid er nøkkelen til suksess så hva er da vitsen med å be?" spurte Alisha. "Det er mange mennesker i verden som ikke ber, men fortsatt blir vellykket".

"Allah sier i Koranen at hardt og riktig arbeid går aldri bortkastet. Det spiller ingen rolle om den som arbeider er muslim eller ikke-muslim. Derimot, om en legger til bønn etter å ha arbeidet hardt, så blir det lettere å få suksess. Den egentlige meningen med å be til Allahs er å påkalle Ham for å veiledning mot den retningen som er best. Husk at Allah skuffer ikke dem som gjør deres ærlige innsats og deretter ber Allah om veiledning. Det viktigste er uansett å legge inn menneskelig innsats først. En annen viktig ting å huske er at vi skal fortsette å be til Allah, selv om vi tror våre bønner ikke har blitt besvart første gang. Dette fordi det kan godt være at det vi ber om ikke er bra for oss. Vi kan godt be om noe, men må akseptere utfallet selv om den skulle virke til å være imot våre ønsker. Gud vet best hva som er best for oss, og vi bør stole på Ham og Hans dom."

"Nå forstår jeg bedre hvorfor jeg ikke får beste karakterer i klassen min" sa Areeba.

"Er det fordi du ikke ber?" spurte Inaya.

"Nei! Grunnen er at jeg ber mer enn det jeg jobber med leksene" svarte Areeba.

FORBUDTE TING

Det var en dag da Areeba ikke var i godt humør da hun kom hjem fra skolen. Faktisk så var hun så sint at hun kastet skolesekken sin ned i gangen og løp til rommet sitt uten å ha hilst på hennes foreldre. Hennes mor spurte søsteren Alisha om hva som var galt med henne, og om de to hadde hatt en krangel.

"Nei, mamma, hun har ikke kranglet med meg, men Maria. Begge hadde en krangel på skolen. Jeg vet ikke hva de kranglet om fordi Areeba var for opprørt til å fortelle meg om det" svarte Alisha.

"Ok. La meg gå til henne og spørre selv" sa mor.

"Areeba kjære, stå opp og fortell meg hva som har skjedd. Hvorfor er du så opprørt?" spurte mor.

"Jeg er veldig sint fordi Maria dyttet meg og forvrengte navnet mitt og kalte meg Areeba-fareeba. Jeg har ikke tenkt å invitere henne til min bursdagsfest og jeg kommer aldri til å snakke med henne igjen!" utbrøt Areeba.

"Men hvorfor gjorde hun noe sånt? Er hun ikke vennen din?" spurte mor.

Men før Areeba kunne svare kom Alisha inn på rommet og sa "Det var Areeba som startet det hele. Hun nektet å leke med Maria og lagde grimaser mot henne."

"Det er fordi jeg allerede lekte med Khadija og Arifa" sa Areeba. "Maria bare plaget meg fordi hun ville leke med meg alene. Jeg bare ba henne om å la meg være i fred, men hun ble sint og dyttet meg og kalte meg Areeba-fareeba. Jeg er alltid hyggelig mot henne og gjør aldri narr av hennes store nese og mørk hudfarge som de andre jentene gjør, men hun viste ingen respekt for det" svarte Areeba.

"Det er ufint å gjøre narr av folk eller forvrenge deres navn. Allah liker ikke slikt" sa mor.

"Blir Allah sint hvis vi forvrenger andres navn?" spurte Areeba.

"Ja, Allah tillater ikke at vi fornærmer folk. Når noen forvrenger andres navn er det jo det samme som å fornærme dem" forklarte mor.

"Hva annet vil ikke Allah at vi skal gjøre?" spurte Areeba.

"Som sagt så liker ikke Allah at vi forvrenger andres navn eller finner på kallenavn for dem. Dessuten så er det ikke lov å anklage noen for noe om vi ikke har bekreftelse på det. Selv om noen har gjort noe galt, så skal man ikke annonsere det til alle. Faktisk så bør vi prøve å skjule hans eller hennes ugjerninger fra andre. Vi bør heller ikke erte andre eller gjøre narr av deres kroppsdeler eller annen misdannelse de måtte ha. Vi bør heller ikke overdrive i å nevne noe som noen har gjort eller sagt. Vi må heller ikke mistenke dem for å tenke dårlig om oss eller danne en mening om dem før vi har gitt dem en sjanse til å forklare seg" forklarte mor.

Både Alisha og Areeba lyttet oppmerksomt til deres mor siden alt dette var nytt for dem.

"Vi bør snakke forsiktig til folk og ikke heve vår stemme selv om de tar feil. Hvis vi går inn i en diskusjon så bør vi lytte til alles synspunkter med tålmodighet og prøve å svare til deres argumenter med logikk, og ikke pålegge våre synspunkter på dem" fortsatte mor.

"Hva hvis noen gjør deg sint?" spurte Alisha.

"Sinne er vår verste fiende fordi når vi er sinte så kan vi si eller gjøre ting som vi kan angre på senere" svarte mor.

"Så hvordan skal vi håndtere sinne?" spurte Alisha.

"Når man er sint, så bør man prøve å roe seg ned og minne seg selv på at Allah ikke liker det. Prøv å tilgi folk for urett de har gjort mot deg, om de innser deres feil. Det er den beste måten å håndtere sinne på. Det er vanskelig å gjøre slikt, men ikke umulig. Dette er hva de troende gjør. Det er ikke tilrådelig å handle på ens sinne og straffe noen for det. Dette fordi vi ikke har noe rett til å gjøre slikt selv. Kun Allah har rett til å straffe noen. Vi bør bare fokusere på å forbedre vår egen atferd, snarere enn å fokusere på andres svakheter" svarte mor.

"Maria sa også at hun ønsket at min nye klokke som pappa hadde gitt meg på bursdagen min i fjor skulle bli ødelagt eller stjålet. Er det ikke slemt av henne å si noe sånt?" spurte Areeba.

"Ja. Å si noe sånt er meget slemt. Det burde hun ikke ha sagt. Dette betyr at hun er sjalu, og det er ikke en god egenskap. Hvis noen har noe fint så bør vi være glad for dem og ikke ønske at det skal bli ødelagt eller stålet. Vi skal heller ikke baksnakke noen, fordi Allah sier at baksnakking er som å spise kjøttet av sin avdøde bror. Allah forbyr oss også å finne feil hos andre, eller tenke mindre om dem, eller være arrogante, eller stolte over noe som vi har som ikke andre har" svarte mor.

Nå hadde Areeba fått kontroll på sitt, og hun virket rolig.

"I morgen kommer jeg til å be om unnskyldning til Maria og be henne om å være min venn igjen" lovet Areeba.

"Du er en god jente! Kom nå til kjøkkenet og få deg et glass melk" sa mor til Areeba.

~ 73 ~

SAMTALEMANERER

Alisha og Areeba var meget spente fordi det var siste skoledag før sommerferien, og de hadde allerede planene klare for hvordan de ønsket å tilbringe ferien.

"La oss be far ta oss med til onkel Zia i Manchester" foreslo Areeba.

"Manchester? Aldri! Det er så kjedelig der. Jeg skal heller spørre pappa om vi kan besøke onkel Tanvir i Liverpool. Huset hans er på fjellsiden, og der er det en foss i nærheten" sa Alisha.

"Men det er ikke mye å gjøre der annet enn å gå på turer. Det kommer til å bli så kjedelig" sa Areeba.

"Nei, det vil ikke være kjedelig. Vi kan dra på piknik og ridning blant andre morsomme ting ..."

Men før Alisha fikk snakket ferdig begynte Areeba å snakke igjen. "Nei, jeg liker ikke ridning. Jeg vil gå til Manchester, slik at jeg kan leke med Farhan og Fauzia" ropte Areeba.

Deres far fikk med seg all denne ropingen og kom bort til dem.

"Ro dere ned jenter! Hvorfor snakker dere så høyt?" spurte far.

"Vi legger planer for ferien, men klarer ikke å bli enige om hvor vil skal reise" fortalte Areeba.

"Men det er da ingen grunn til å heve stemmen. Slikt er dårlig oppførsel" sa faren.

"Men vi krangler da ikke" sa Areeba.

"Selv om dere ikke krangler så er det visse manerer en skal passe på i det man snakker med andre" sa faren.

"Virkelig? Hva slags manerer snakker vi om da pappa?" spurte Areeba.

"Til å begynne med bør du ikke heve stemmen din mens du snakker med andre. Om du snakker høyt så kan du starte en unødvendig krangel" svarte far.

"Selv om man er sint så skal man ikke snakke høyt?" spurte Alisha.

"Spesielt når man er sint. Da kan du si ting du ikke mener, og gjøre vondt verre. Den andre tingen å huske er å lytte nøye til hva den andre personen sier, og ikke avbryte ham eller henne midt i en setning. Man bør også snakke fornuftig og ikke argumentere for argumentets skyld. Hvis du ikke er enig med hva den andre personen sier så bør du høflig fortelle vedkommende det, og deretter presentere ditt synspunkt uten å bli sint. Det er også uhøflig å gjøre narr av folk hvis de har problemer med språk eller hvis de stammer. Vi bør være tålmodige med slike mennesker" sa far.

"Min venn Rehana stammer, og det høres så morsomt ut" sa Inaya som hørte på hele samtalen i stillhet.

"Det kan høres morsomt ut for deg, men tenk hvordan hun føler seg når du ler av noe hun ikke har noe kontroll på. Det er helt sikkert ikke morsomt for henne. Vi bør alltid sette oss selv i andres posisjon og deretter tenkte hvordan ting kan føles. Hvis du da kommer til den konklusjonen at din talemåte er morsom for folk, men at du ikke liker at dem ler av deg, så bør også du også avstå fra å le av andre når de stammer".

"Nabil i klassen min snakker engelsk på feil måte, og det er utrolig morsomt å høre. Vi liker å høre på når han snakker engelsk. I blant forstår han ikke hvorfor vi andre ler mens han snakker" sa Areeba.

"Slikt er også dårlig oppførsel. Det er det samme som å gjøre natt av ens taleferdigheter" sa far.

"Hva annet bør vi huske på når vi snakker?" spurte Alisha.

"En annen viktig ting er å være forsiktig med vårt valg av ord. Vi må ikke bruke ord som kan skade en annen person. Vi må absolutt ikke banne eller bruke stygt språk. En annen ting som folk ikke tenker noe særlig over er å spre rykter om andre uten å først bekrefte sannheten selv. Slikt er meget synd! Vi bør ikke spre ondsinnet sladder, selv om det skulle være sant. Vi bør avstå fra å spre rykter. Å overdrive i videreformidling av noe vi har hørt er også galt. Vi skal alltid videreformidle sannheten og unngå fargelegging av fakta ved å blande det med løgn" sa far.

"Vår religionslærer har også sagt at vi bør være siviliserte mot hverandre når vi snakker. Hva betyr det å være sivilisert?" spurte Alisha.

"Å være sivilisert betyr å respektere hverandre. Å føre en sivilisert samtale betyr å snakke til hverandre med respekt og ikke være arrogante om vår overlegenhet over språk eller ideer" svarte far.

"Vi bør heller ikke snakke unødvendig eller være skeptiske til andres intensjoner, eller prøve å utdype det de sier. På samme måte bør vi snakke veldig tydelig, slik at den andre personen ikke skal ha noen problemer med å forstå oss. Hvis man snakker tydelig og åpent så oppstår det ikke misforståelser" sa far.

"Pleide vår kjære budbringer Muhammed å følge alle disse reglene når han førte samtaler?" spurte Areeba.

"Absolutt!" svarte far. "Han hadde de beste manerer. Han passet alltid på at han fulgte Allahs instrukser i sin tale. Derfor er det viktig for også oss å huske alle disse tingene, slik at Allah blir fornøyd med oss" svarte far.

"Heretter skal jeg prøve å huske alt dette når jeg snakker med andre, og ikke gjøre narr av Nabil når han stammer" lovet Inaya.

"Og jeg vil ikke gjøre narr av Rehanas engelsk" lovet Areeba.

"Dere er alle snille jenter, og jeg skal ta dere med til Manchester i sommerferien og Liverpool i høstferien. Er det en avtale?"

"Ja!" utbrøt Alisha, Areeba og Inaya.

ALLE MUSLIMER ER LIKE

Etter å ha lekt ute med sine venner kom Alisha en dag hjem og spurte sin far "hvorfor er ikke vi Chaudhry?"

"Hva skjedde? Hvorfor spør du meg om det?"

"Min venninne Faiza er veldig stolt over at hun er en Chauhdhy. Hun sier Chaudhry er en overlegen kaste. Er det riktig? Hvorfor er ikke vi Chaudhry? Kan vi endre vår kaste og bli Chaudhry vi også? Hva betyr kaste forresten?" spurte Alisha.

"Vent litt så skal jeg forklare " sa far.

I mellomtiden hadde Alisha sine yngre søstre Areeba og Inanya også kommet inn i stua.

"Kaste er et system for sosial fordeling basert på visse felles kjennetegn. I Pakistan har vi for eksempel kaster som kaller seg Chaudhry, Malik, Awan, Raja, Qureshi, og noen andre. De deler noen felles kulturelle funksjoner som språk, tro og normer. Ingen kaste er overlegen eller dårligere enn en annen. Alle mennesker er likeverdige i forhold til deres kaster og alle fortjener å bli behandlet med respekt. Allah har sagt i Koranen at fordi vi er alle etterkommere av Adam så er vi alle like, uansett hvilke rase eller religion noen tilhører. Ingen person er bedre enn en annen bare fordi vedkommende er født i en bestemt familie. Disse tingene har ingen betydning i henhold til Islam. Det som teller er personens moralske gjerninger og bevissthet på Gud. Altså å tro at Allah har kontroll over alle ting" svarte far.

"Men min venninne sier at Koranen snakker også om kaster" fortsatte Alisha.

"Ja, Koranen snakker om folk som blir delt inn i nasjoner og stammer, men det er bare så folk kan gjenkjenne hverandre lettere. Koranen sier også at de eneste som er bedre enn andre er de som er mer gudfryktige. Budbringer Muhammed (fvmh) sa også i sin siste tale at arabere ikke er overlegne andre, og heller ikke er de hvite overlegne de svarte. Alle menn og kvinner er skapt på lik måte. Budbringeren tilhørte stammen Quresh, som ble ansett å være en innflytelsesrik stamme i Arabia i de dagene. Budbringeren arrangerte et ekteskap av en av hans kusiner med Zaid som tidligere var en slave. Ved å gjøre så beviste Budbringeren for alle at alle mennesker hadde lik status, uansett familiebakgrunn" forklarte far.

"Hvis alle er like så hvorfor er folk delt inn i forskjellige stammer og nasjoner?" spurte Areeba.

"Det er kun av praktiske årsaker. Det ville være veldig forvirrende hvis alle kalte seg det samme. Da ville ingen være i stand til å fortelle hvilken familie man snakket om. Men dette betyr på ingen måte at den ene nasjonen er bedre enn en annen. Det som egentlig teller er ens fromhet" forklarte far.

Han fortsatte videre "For eksempel så har vi filmstjerner som Shahrukh Khan og Amir Khan. De er meget kjente og deres fans elsker dem og beundrer dem. Men deres berømmelse er ikke grunnet deres stamme eller familie.

De er kjent på grunn av deres talent og hardt arbeid. Andre som jobber hardere, er mer fromme og mer gudfryktige vil i henhold til Allah være bedre enn Shahrukh Khan og Amir Khan".

"Hva er forskjellen mellom shiaer og sunnier da? Jeg har sett på Facebook at noen skriver at de er sunni-muslimer mens andre skriver at de er sjia-muslimer. Er vi sjia-muslimer eller sunni-muslimer" spurte Areeba.

"Jeg tror du tilbringer for mye tid på Facebook Areeba! Men uansett så er ikke denne divisjonen beordret eller skapt av Allah. I Islam er det bare en type muslim, altså de som frykter Allah og følger Hans bud og Hans befal. Allah har bedt oss å behandle alle likt og ikke å gi noen mer betydning fordi de tilhører en bestemt sekt. Faktisk så har Allah strengt forbudt folk fra å gjøre slikt. Budbringeren Muhammed (fvmh) gikk så langt som å si at de som lager sekter blant muslimer ikke er en del av oss. Dette betyr at de ikke lenger er muslimer. Derfor bør vi bare si at vi er muslimer og ikke sjia-muslimer eller sunni-muslimer" svarte far.

"Hvis Faiza skulle fortsette å skryte av være en Chaudhry så kommer jeg ikke lenger til å bli imponert. I fremtid skal jeg bare ignorere slik prat" sa Alisha.

Og hvis noen spør meg om jeg er sjia eller sunni så vil jeg svare at jeg bare er muslim" sa Areeba.

Dette gledet far.

BEHANDLING AV IKKE-MUSLIMER

Den siste helgen i april var Alisha, Areeba og Inaya utrolig glade fordi deres onkel Tahir hadde kommet på besøk fra Norge. Onkel Tahir hadde tatt med seg masse sjokoladen til jentene og bedt dem dele sjokoladen likt i mellom seg. Jentene var meget spente på å høre hvordan det var å bo i Norge siden de aldri hadde vært der selv. Lørdag kveld samlet familien seg i stua etter middag og onkel Tahir begynte å forklare.

"Norge er ikke bare en av verdens vakreste land, men også en av de mest velstående. Norge er et land med strålende isbreer, vakre fjorder og mange fosser. Norge har mange øyer, store byer og mange landsbyer. Man kan gå for fotturer, sykle og padle om sommer, og kjøre hundeslede, stå på ski og skøyter, og kjøre snøscooter om vinteren" fortalte onkel Tahir i spenning.

"Hva er det totale befolkningstallet i Norge, og hvor mange muslimer lever der?" spurte Alisha.

"Det totale befolkningstallet i Norge er ca. 5 millioner, og ut av disse er omtrent 1,5 millioner muslimer. Det er om lag 30.000 pakistanere, og Islam er den nest mest praktiserte religionen i landet. I Norges hovedstad Oslo er det mange vakre moskeer hvor muslimer kan gå og be når de vil. Det er store menigheter i disse moskeene for fredags- og eid-bønner og andre viktige muslimske høytider. Muslimer står fritt til å praktisere Islam i Norge. Staten hindrer dem aldri fra å gjøre det" sa onkel Tahir.

Jentene lyttet til onkel Tahir med stor oppmerksomhet.

"Kommer muslimer og ikke-muslimer godt overens med hverandre?" spurte Areeba.

"Muslimer og ikke-muslimer lever i harmoni. De behandler hverandre med respekt og toleranse. Vi blir gratulert av våre norske venner på Eid, og vi ønsker dem god Jul og sender dem julekort når det er tid for slikt. Nære venner får til og med gaver fra hverandre" svarte onkel Tahir.

"Hva sier Islam om forholdet mellom muslimer og ikke-muslimer?" spurte Alisha.

"Siden Islam er en religion for nåde og rettferdighet, så mener de fleste muslimer at det ikke er tillatt under noen omstendigheter for en muslim å mishandle en ikke-muslim. Muslimer bør ikke forplikte aggresjon mot dem, eller å skremme eller terrorisere dem, eller å stjele deres rikdom, eller frata dem deres rettigheter. Muslimer tror at det er obligatorisk for dem å hedre avtaler inngått med ikke-muslimske parter. Hvis en muslim har akseptert de vilkår som gjelder ved innreise til et ikke-muslimsk land, og har lovet å følge landets lover, så er det ikke tillatt å begå ugagn i dette landet" forklarte onkel Tahir.

"Hvordan oppførte budbringeren Muhammed mot ikke-muslimer?" spurte Areeba.

"Vår kjære budbringer Muhammed (fvmh) var veldig snill mot ikke-muslimer. En gang da noen jødiske menn kom for å besøke ham i Medina, og deres tid for bønn nærmet seg, fikk de invitasjon til å be i byens sentrale moské på jødisk måte. En dag vitnet Budbringeren en begravelse av en jøde. Budbringeren sto opp i respekt og satte et eksempel på respekt for ikke-muslimer. Budbringeren pleide ofte å besøke ikke-muslimer som han ble fortalt var syke" sa onkel.

"Kan muslimer være venner med ikke-muslimer? Er det tillatt i Islam?" spurte Areeba.

"Det finnes to typer ikke-muslimer. En type er de som er fiender av muslimer og åpent mishandler dem og hater dem. Selvsagt kan man ikke bli venner med dem. Koranen forbyr oss fra å assosiere med dem. Den andre typen er de som ikke hater muslimer og behandle dem rettferdig. Derfor er det helt akseptabelt å holde gode og vennlige relasjoner med dem. Det er mange muslimer som bor i ikke-muslimske land og mange ikke-muslimer som bor i muslimske land. Vi har sett at det er mulig for dem å leve fredelig hvis begge respekterer hverandres religiøse tro. Som muslimer er det vår religiøse plikt å invitere ikke-muslimer mot Islam, og den beste måten å gjøre dette på er ved å være en god muslim. Vi må aldri lyve, jukse, stjele, sprer aggresjon, og alltid være ærlige" forklarte onkel.

"Onkel, du sa Islam tillater religionsfrihet. Hva betyr det?" spurte Alisha.

"Det betyr at det er ingen tvang i Islam. En kan velge hvilken religion man selv ønsker å følge. Ingen skal tvinge noen til å følge den ene eller den andre religion. Ingen skal straffes for ikke å følge Islam. Plikten til budbringeren Muhammed (fvmh) var å levere budskapet om sannheten, men ikke tvinge noen til den. Islam forbyr oss å lemleste eller ødelegge steder for tilbedelse av andre religioner som kirker, synagoger og templer. Faktisk så er det muslimenes plikt å beskytte slike steder mot angrep og ødeleggelser. Islam forbyr oss å snakke stygt om andre religioner og deres guder".

"Men hva om en ikke-muslim snakker stygt om Islam? Hva skal vi gjøre da?" spurte Areeba.

"Koranen sier at hvis noen gjør narr av islam, eller hvis noen taler mot Islam, er det best å forlate deres selskap og kun komme tilbake om de har sluttet å snakke stygt om Islam" svarte onkel

"Onkel, jeg har hørt at sola går aldri ned om sommer i Norge, og kommer aldri opp om vinteren. Hvordan forholder mennesker seg til det? " spurte Areeba.

"Ja, det er et interessant spørsmål. En liten del av Norge ligger nord for polarsirkelen. På grunn av jordas rotasjon rundt sola opplever Norge lange dager om sommer og korte dager om vinter. Nordkapp er ansett for å være det nordligste punktet i Europa og der går ikke solen ned fra 14. mai til 31. juli. Derfor er også Norge kjent som landet av midtnattsola. Uansett hvor lange eller korte dager er, så tilpasser folk deres daglige aktiviteter i henhold til de forskjellige sesongene. Om sommer går folk til sengs mens det fortsatt er dagslys ute, og om vinteren går de voksne på jobb og barna på skole mens det fortsatt er mørkt" forklarte onkel Tahir.

"Høres merkelig men interessant ut. Skulle ønske jeg også fikk opplevd Norge" sa Alisha.

"Det kan du selvsagt gjøre hvis du studerer hardt og kommer til Norge for å gå på universitet der. På den måten vil du kunne oppleve interessante fenomener som midtnattsol og nordlys, og også få en høyere grad på universitet" sa onkel.

"Takk for å ha fortalt oss så mye om Norge onkel. Nå forstår vi bedre hvordan vi skal behandle ikke-muslimer. Norge høres ut som et interessant land, og jeg håper å besøke det en dag" sa Alisha.

GUD KAN IKKE OBSERVERES

Inaya er den yngste blant søstrene og meget glad i dyr. Hennes lidenskap til dyr er så stor at familien føler seg ofte tvunget til å ta henne med til dyrehagen i London, som heter "London zoo". Hun blir alltid begeistret over å se forskjellige dyr som store kattedyr, kaniner, påfugler og papegøyer. Om det går for lenge mellom disse dyrehagebesøkene så begynner hun å mase. Hun blir spesielt fascinert av de vakre fargene på påfugler og papegøyer. Bare på grunn av henne har familien skaffet seg et lite akvarium i stua hvor i det er mange små fargerike fisker.

En dag spurte Inaya moren sin om hvem som hadde skapt alle disse vakre dyrene.

"Det er Allah som har skapt både oss og alle dyrene" svarte mor. "Han har skapt alt i universet. Ikke bare levende ting, men også alt annet som jorda, solen, stjernene, fjell, hav, skyene, blomstene osv." forklarte mor.

"Hvis Allah har skapt alt dette, så hvem har skapt Allah?" spurte Inaya.

Mor smilte og svarte "Nå spør du meg om det samme som jeg pleide å lure på den gang jeg var på din alder. Dette er vanskelig å forklare fordi du er fortsatt for ung til å forstå svaret, men jeg skal prøve mitt beste".

"Mener du at også du pleide å lure på slike ting da du var yngre? spurte Inaya.

"Alle tenker vel på slikt en eller annen gang i livet. Det er naturlig å være nysgjerrig på opprinnelsen til alt som vi ser og alt vi ikke ser. Allah er en vi ikke kan se, men Hans eksistens kan vi føle i alle ting som vi kan se. Han er ikke som oss eller noe annet som Han har skapt. Han kan derfor ikke sammenlignes med noen eller noe. Han er skaperen av alt og er derfor unik. Han befinner seg i alle ting og er overalt. Vi anerkjenner Allah etter Hans tegn i naturen. Disse tegn peker mot Skaperen, og menneskelig instinkt aksepterer eksistensen av Skaperen gjennom slike tegn" svarte mor.

"Om Gud eksisterer overalt så hvorfor kan ikke vi se Ham? Er det ikke fordi Han er veldig høyt oppe i himmelen?" spurte Inaya.

"Nei, det er ikke slik at Allah sitter et sted oppe i himmelen. Som jeg sa før så er Han til stede overalt. Bare fordi vi ikke kan se Ham betyr ikke at Han ikke er til stede. Hans eksistens kan likevel føles. Vi kan for eksempel ikke se luft, men vi vet at den er der fordi vi kan føle den. Ingen levende ting kan leve uten luft. Vi kan heller ikke se varme og kulde, men kan føle dem. Vi kan føle smerte, men ikke se den. Bare fordi vi ikke kan se noe betyr ikke automatisk at det ikke eksisterer. En ting trenger ikke å ha fysisk form for å eksistere. Allah har ikke en fysisk form, men Han finnes, og vi vet dette fordi vi kan føle Hans eksistens i alle ting Han har skapt. Alle ting i dette universet peker mot en Skaper, og den Skaperen er Allah" forklarte mor.

"Jeg forstår fremdeles ikke hvordan vi kan vite om eksistensen til Allah gjennom Hans kreasjoner" sa Inaya.

"Vel, i dette universet finnes det trær, fjell, hav, sol, måne, stjerner, dyr, mennesker etc. Hvordan kom alle disse tingene til eksistens? Hvem har skapt alle disse tingene? Har de blitt skapt av seg selv? Nei, det er ikke mulig. Alt må være skapt av en eller annen makt. I vår tilfelle er denne makten Allah. Hvis vi observerer de ulike tegn i naturen som fødselen av mennesker, rotasjonen av jorda og stjernene, skyene, regnet, natt og dag, ulike typer frukt og blomster, store dyr som hval og mikroskopiske organismer som vi ikke engang kan se, så peker alle disse tingene mot eksistensen av en høyere makt som skapte dem, altså Allah. Ingenting og ingen andre enn Allah har makt til å gjøre noe slikt. Man trenger bare å se på hvordan mennesker blir formet av en enkel celle, til en levende tenkende person. Vi er jo ikke engang klar over hvordan kroppen vår fungerer mens vi sover. Hvordan menneskelig hjerne behandler informasjon og handler i henhold til denne informasjonen er også ganske utrolig. Derfor må det være en høyere makt bak alt dette. Dette universet er så stort at vi kan ikke engang forestille oss dets størrelse. Til tross for det beveger alle ting i universet etter et fast mønster og retning, uten at noe kolliderer med noe annet. Natt og dag og årstider kommer og går på deres bestemte tidspunkt. Tror du ingen kontrollerer alt dette? Vi kan ikke kontrollere disse tingene, og kan ikke gjøre noen endringer i deres atferd. Dette prøvde budbringeren Ibrahim å forklare kongen som hevdet å være Gud".

"Er det sant?" spurte Inaya. "Hvem var budbringeren Ibrahim og hvem var kongen som hevdet å være Gud?"

"Ibrahim var en budbringer av Allah lenge før Moses. Han levde i dagens Irak. Han hadde to sønner som også ble budbringere, altså Ismail og Is-haq. Hans barnebarn Yaqoob ble også en budbringer. Bygningen Kaba i Mekka ble bygget av Ibrahim. På hans tid pleide folk å tilbe solen, månen og stjernene i tillegg til idoler. Han prøvde å fortelle dem at gjenstander som ikke engang har fri vilje, og som ikke kan snakke eller flytte på seg kan ikke være guder. Til tross for hans argumenter ville ikke folk høre på ham. En dag gikk han til tempelet der alle statuene var plassert. Han knuste dem alle med sin øks, unntatt den største, og hang øksen på skulderen hans. Kong Namrud og hans folk ble meget sinte da de så de knuste statuer. De spurte budbringeren Ibrahim om han hadde gjort dette. Ibrahim svarte at de heller skulle spørre den største statuen siden det var han som holdt øksa. Til dette svarte de at dette statue var jo laget av stein, og kunne derfor ikke snakke. Budbringeren Ibrahim hadde fått frem sitt poeng. Han fortalte dem igjen at hvis noe ikke kunne bevege seg eller snakke og ikke gjøre noe for å gi folk resultater for deres bønner, hva var da poenget med å tilbe en slik gud? Da kong Namrud hørte dette ga han ordre om å brenne Ibrahim levende på et bål. Heldigvis ble Budbringeren Ibrahim reddet ved Allahs nåde og vilje"

"Dette er så interessant. Takk for å ha gitt meg en slik nyttig informasjon. Du har svart på en rekke spørsmål jeg hadde i mitt sinn om eksistensen av Allah. Jeg vet nå at selv om vi ikke kan se Allah så eksisterer Han" svarte Inaya.

KORANEN OM ALLAH

Alisha, Areeba og Inaya hadde en kveld kommet hjem etter å ha tilbrakt en morsom dag i parken. De var slitne etter å ha hoppet tau og kastet ball i nesten to timer. Nå ønsket de bare å sette seg ned og prate. Inaya begynte å fortelle Areeba om diskusjonen hun hadde hatt med mor om Allah for noen dager siden. Både Alisha og Areeba var interesserte i å vite mer om emnet. De var fascinerte av det faktum at man kan føle Allahs tilstedeværelse i alt, selv om ingen kan se Ham. De hadde ikke tenkt på saken på denne måten før. Det var nettopp da mor kom inn i stua fra kjøkkenet. Både Alisha og Inaya ba henne fortelle dem mer om Allah.

"Hva sier Koranen om å tro på Allah?" spurte Alisha.

"Det første vi trenger å vite er at den riktige betegnelsen for Gud er Allah. Dette fordi Allah er navnet til den ene sanne Guden. Ikke noe annet kan kalles for Allah. Begrepet har ingen flertall eller kjønn. Ordet Allah er unik i motsetning til ordet "gud", som kan gjøres om til flertall "guder", eller feminin form "gudinne" forklarte mor.

"Koranen ber oss om å tro på én Gud, dvs. Allah. Å tro på én Gud betyr at vi tror at Han er den høyeste makten og er skaperen og opprettholderen av alt i dette universet og utover dette universet. Han er unik og evig. Han har alltid vært og vil alltid være, selv når alt annet vil dø eller forsvinne. Den hellige Koranen snakker om eksistensen av Allah. Faktisk så er Koranen et bevis på eksistensen av Allah fordi ingen andre kunne ha skrevet en så fantastisk bok enn Ham. Koranen er forbindelsen mellom oss og Allah. Koranen forteller oss om å tro på Allah og overgi oss til Hans vilje og bud" fortsatte mor.

"Hva menes med Allahs vilje? Om alt skjer i henhold til Allahs vilje, hva er da poenget med vår innsats?" spurte Areeba.

"Dette er et veldig godt spørsmål. Jeg kan forklare dette i tre etapper. Vi må først forstå at Gud skapte universet i tre faser. I den første fasen skapte Gud universet og alt i den i henhold til Hans vilje. Han skapte solen, månen, stjernene, jorden etc. Den andre fasen var da han skapte lover som universet skulle fungere i henhold til. Alt i dette universet fungerer i henhold til disse lovene og ingen kan gjøre noen endringer i dem. For eksempel så skapte han en lov som sier at brann skal være forbundet med varme, og vann skal være forbundet med fuktighet. Ingen kan endre på dette".

"Så kom den tredje etappen der han skapte mennesker og utarbeidet visse lover for dem. Den eneste forskjellen mellom naturlovene og lover for mennesker er at naturen har ingen egen vilje og må følge Allahs vilje. Mennesker kan derimot velge om de ønsker å følge Allahs vilje eller gå imot det. Med andre ord, så er det opptil mennesker å velge om de vil være gode eller dårlige. Uansett så er mennesker selv ansvarlige for sine gjerninger. For eksempel, hvis du ikke går på skole og studerer, og deretter stryker på eksamen, så kan du ikke skylde på Allah. I slik tilfelle kan du ikke si at det var Allahs vilje at du mislyktes. Denne regelen gjelder også for alle andre aspekter av våre liv".

"Hvis vi har fått fri vilje, så hvordan kan vi dra nytte av det ved å tro på én Gud i våre praktiske liv?" spurte Areeba.

"Å tro på én Gud betyr ikke bare at vi tror på Hans eksistens, men det innebærer også at det bare er Han vi ber om hjelp i våre daglige liv. Det betyr også at kun Allah kan hjelpe oss og ingen andre. Det gjør oss kun avhengige av Allah og ingen andre. Allah sier at den som er avhengig av Ham, vil Han ikke skuffe" forklarte mor.

"Det sies at Allah vet alt og ser og hører alt. Betyr det at Han har øyne og ører som oss mennesker?" spurte Inaya.

"Når vi sier at Allah ser og hører alt så betyr ikke det at Han ser med sine øyne eller hører med sine ører. Det betyr heller at han er klar over det som skjer. Han er ikke som sine skapninger. Hvis Han hadde hatt øyne og ører så ville Han ha vært som Hans eget skaperverk. Slik er det nå ikke" svarte mor.

"Har Gud bare ett navn?" spurte Inaya.

"Allah har beskrevet seg selv i Koranen ved å bruke ulike navn. Alle slike navn representerer Hans egenskaper. Et av hans navn er Ar-Rahman som betyr barmhjertig. Så er det Al-Ghaffar som betyr stadig tilgivende, Al-Khaliq som betyr Skaperen, Al-khabeer betyr allvitende etc. Det er totalt 99 navn av Allah, og hver av disse vakre navnene representerer en av Hans vakre kvaliteter. Muslimer mener at det å studere disse navn og egenskaper av Allah er en av de mest effektive måter å styrke ens forhold til Gud på" forklarte mor.

"Hvordan kan vi vite hva slags lover som gjelder for mennesker?" spurte Alisha.

"Alle lover som Koranen har nevnt gjelder for mennesker. Budbringeren Muhammed (fvmh) praktiserte disse lovene i sitt daglige liv, og vi bør også prøve å handle på disse lovene slik at Allah blir fornøyd med oss" svarte mor.

MOMIN

"Hvor er far?" spurte Alisha straks hun hjem fra skolen en dag.

"Han har nettopp kommet hjem fra jobben og hviler på rommet hans. Hva ville du med ham da?" spurte mor.

"Dette er mellom ham og meg" svarte Alisha og stormet mot rommet til far

Areeba og Inaya ble nysgjerrig så de fulgte også med.

"Assalamu Alaikum pappa" sa Alisha

"Hva bringer dere alle til rommet mitt?" spurte far.

"Jeg ønsket litt informasjon fra deg. Jeg skal delta i en konkurranse om å skrive stil. I den forbindelse trenger jeg litt hjelp" forklarte Alisha.

"Hva er temaet for oppgaven?" spurte far.

"Temaet er livet til en *momin*. Kan du fortelle meg hva en *momin* er og hva slags liv en *momin* lever" spurte Alisha.

"Klart jeg kan. *Momin* er et arabisk ord som betyr "en som tror". Ordet refererer til en person som aksepterer Allahs vilje og har *imaan*. Det er en person som er en trofast muslim" svarte far.

"Men du fortalte oss at en muslim er en troende som aksepterer Allahs vilje. Så hva er forskjellen mellom en muslim og en *momin?*" spurte Areeba.

"Det er et meget godt spørsmål. Forskjellen mellom en muslim og en *momin* er forskjellen i nivået eller graden av tro. Begge aksepterer Islam som en religion, og begge tror på dommedagen og følger ritualer av Islam som å etablere salah og faste etc., men en *momin* er en som har oppnådd en høyere grad av tro. Han er en sann troende. Han har skjønt det virkelige budskapet av Islam, og han setter sin lit til Allah uten reservasjoner" forklarte far.

"Så det betyr at når noen aksepterer Islam så blir vedkommende muslim, og når vedkommende lever i henhold til Islam så kan han eller hun kalles for en *momin?*" spurte Areeba.

"Det er helt riktig. Alle *momin* folk er muslimer, men ikke alle muslimer er *momin*" svarte far.

"Hva er egenskapene til en *momin?*" spurte Inaya.

"De som er *momin* er troende som forblir urokkelige i vanskelige forhold, fordi de mener at vanskelige forhold er prøvelser fra Allah. De klager aldri på noe. Faktisk så viser de takknemlighet til Allah selv når de går gjennom vanskeligheter. De er tålmodige og Gudfryktige. De er dydige og fromme. De lovpriser Allah og fremfor alt så tror de i det usette, altså Allah. De snur seg bare til Allah for deres frelse" forklarte far.

"Gjør aldri en *momin* noe dårlig eller ondt?" spurte Areeba.

"*Momin* folk er jo mennesker de også. De kan også iblant begå feil, men så snart de innser at de har gjort noe galt så omvender de seg og ber til Allah om tilgivelse. Dette fordi de ikke er arrogante og vet at de kan begå synder".

"Var vår budbringer Muhammed en *momin* også?" spurte Inaya.

"Han er det beste eksempelet på en *momin* fordi han gjorde alt som Allah beordret ham til. Han fortalte aldri løgner, han jukset aldri, han skadet aldri noen og var alltid tålmodig og høflig mot sine medmennesker. Han ba regelmessig, ga viste nestekjærlighet og spredde budskapet om Islam til tross for trusler mot sitt liv. Dette er essensen av en sann troende. Han levde med motgang på grunn av hans fullstendige og urokkelige tro på Allah" forklarte far.

"Betyr dette at alle de andre budbringere av Allah var også *momin* folk?" spurte Alisha.

"Absolutt!" svarte far.

"Kan vanlige mennesker som oss også bli *momin*?" spurte Inaya.

"Ingen tvil om at det er krevende å bli en *momin*, men absolutt ikke umulig. Vi kan i det minste prøve å bli *momin* og be til Allah om å hjelpe oss på veien. På denne måten kan vi i aller fall bli bedre muslimer om ikke *momin*een" svarte far.

"Jeg ønsker å bli en *momin*" utbrøt Inaya.

Far lo og sa "For det må du velge det samme for andre som du velger for deg selv. Da må du ikke gjøre som du gjorde her om dagen da du gjemte det gode godteriet for deg selv og ga godteriet som du likte minst til Alisha og Areeba".

"Er det sant?" spurte Inaya overrasket.

"Helt sant!" sa far. Budbringeren sa at du ikke kan bli en *momin* om du ikke velger det samme for andre som du velger for deg selv. Han sa også at en *momin* verken sier eller gjør noe som kan påføre skade på en annen" fortsatte far.

Inaya følte seg flau, men lovet at hun skulle prøve å være en *momin* og ikke erte Alisha og Areeba, og heretter gi dem samme godteri som hun selv likte.

~ 107 ~

EKSEPSJONEL PERSONLIGHET

Etter at skolen kunngjorde resultatet av stilkonkurransen følte Alisha seg meget stolt og glad. Hun hadde vunnet sin første stilkonkurranse. Hun ønsket å dele den gode nyheten med sin familie så fort hun kom hjem, og spesielt med far som hadde hjulpet henne med å skrive stilen.

"Far, jeg fikk førstepremie i stilkonkurranse!" utbrøt Alisha.

"Det er jo helt utmerket. Jeg ba hele dagen for deg" svarte far.

"Dine bønner og din hjelp til å skrive stilen hjalp meg i å vinne denne konkurransen. Tusen takk! Det var en tøff konkurranse, og i utgangspunktet var jeg veldig nervøs. Da jeg begynte å lese opp stilen min ble hele salen stille, og når jeg ble ferdig klappet alle. Da rektor ga meg prisen fortalte han meg at jeg hadde forklart godt hva en *momin* var, og at jeg burte også prøve å innprente attributtene av en *momin* i min personlighet. Hvis jeg skulle klare å gjøre det så ville jeg bli en rollemodell for andre" fortalte Alisha.

"Det var da meget gode råd" sa far.

"Hva er en rollemodell og hva slags egenskaper må en rollemodell ha?" spurte Alisha.

"En rollemodell er en som har en beundringsverdig karakter, gode manerer og høy moral. Det er en person som setter et eksempel på eksepsjonell atferd for andre å følge" forklarte far.

"Er det noen mennesker i denne verden som kan være våre rollemodeller?" spurte Alisha.

"Ja, det er mange. Den beste og den største rollemodellen for oss muslimer er vel budbringeren Muhammed (fvmh). Koranen sier at han er den ultimate rollemodellen og en perfekt personlighet å følge" svarte far.

"Fantastisk! Kan du fortelle meg om karakteren vil vår kjære budbringer og hva hans nærmeste venner tenkte om ham?" spurte Alisha.

"Selvfølgelig. Budbringerens liv er et perfekt eksempel på gode manerer. Han behandlet alltid barn med godhet. Han likte å henge med barn og leke med dem for å gjøre dem lykkelige. Han hadde en fin humor. Han sa aldri noe vulgært, ertet aldri noen eller fornedret noen. Han var en elsker av fred og ønsket at folk levde i harmoni. Han ønsket at folk skulle avgjøre deres forskjeller uten å ty til vold. Han var meget sjenerøs og satte alltid andres behov foran sine egne. Han var veldig omsorgsfull med hensyn til rettighetene til kvinner og bød sine tilhengere om å gi spesialbehandling til kvinner ved å respektere dem og gi dem like rettigheter. Han hadde en veldig behagelig personlighet. Han møtte mennesker med et smil og snakket til dem med mildhet. Han var veldig hensynsfull mot de foreldreløse, og ba sine følgesvenner ta spesielt vare på dem. Han var ikke bare hensynsfull mot folk, men også mot dyr, og ba folk behandle dem vennlig fordi de var også skapninger av Allah. Han var en beskjeden og uselvisk menneske".

"Hvordan så han ut? Jeg mener, hva slags utseende hadde han?" spurte Alisha.

"Vel, han var av middels høyde ... ikke veldig kort og heller ikke veldig høy. Fargen på huden hans var verken veldig lys eller veldig mørk, men ansiktet hans lyste som en fullmåne. Håret hans var hverken lang eller kort, ikke rett men heller ikke krøllete. Øynene hans var svarte og øyenbryn var lange. Han hadde en sterk kropp som var verken slapp eller tynn. Kort sagt så var han vakker og utstrålte styrke og selvtillit. Folk beundret hans personlighet" forklarte far.

"Så hvis jeg ønsker å være et forbilde for andre, hva slags egenskaper bør jeg da ha?" spurte Alisha.

"Som jeg allerede har forklart så er personligheten til vår kjære Budbringer den mest perfekte personligheten. Du skal prøve å etterligne ham hvis du ønsker å sette en standard for god karakter og personlighet. Med andre ord så bør du være ærlig, oppriktig, sannferdig, beskjeden, lydig, hardtarbeidende, punktlig, effektiv, høflig og skånsom mot andre. Du bør ikke lure andre eller være lat. Du bør ikke være sjalu eller misunnelig på andre eller være kranglete. Du bør ikke håne eller gjøre narr av andre, og ikke anse deg selv til å være bedre enn andre, spesielt nå som du har vunnet førsteprisen i stilkonkurransen" sa far smilende.

"Men far, alt dette virker så vanskelig. Det er jo nesten umulig!" sa Alisha.

"Nei, det er ikke umulig! Det kan virke vanskelig, men er mulig. Du kan sakte og gradvis gi opp dårlige vaner og samtidig begynne å bygge på gode kvaliteter. Hvis man er fast bestemt på å endre seg til det bedre, så vil også Allah hjelpe underveis. Dette kan ta tid. Iblant kan det ta en livstid, men hvis du er bevisst på å forbedre deg så vil forbedringen komme etterhvert. Da vil du bli en eksemplarisk person som folk vil beundre og respektere".

"Jeg skal prøve å være en god person som andre kan stole på og beundre. Jeg skal prøve å være som Budbringeren Muhammed og respektere andre slik at de respekterer meg i retur" lovet Alisha.

"Du er en snill jente Alisha. Jeg har full tro på deg. Jeg vet at du kan være et forbilde for andre hvis du ikke gir opp i å prøve å være en person av god karakter" sa far oppmuntrende.

Akkurat da kom mor inn på rommet og overrasket Alisha med hennes favoritt. Alle visste at Alisha var utrolig glad i sjokoladekake. Hele familien samlet seg i stua for å feire hennes suksess. Alisha var så glad at hun smilte helt frem til hun gikk og la seg.

صدق الله العظيم